CATHOLIQUE D'OUVRIERS
DE TROYES

SÉANCE TRIMESTRIELLE

DU 18 OCTOBRE 1874

SOUS LA PRÉSIDENCE

DE Mgr L'ÉVÊQUE DE TROYES

CONFÉRENCE DE M. SIMON

Sous-intendant militaire

SUR LA

VIE DU GÉNÉRAL DE LA MORICIÈRE

PARIS

CHARLES DOUNIOL ET Cie, LIBRAIRES-ÉDITEURS

29, RUE DE TOURNON, 29

1874

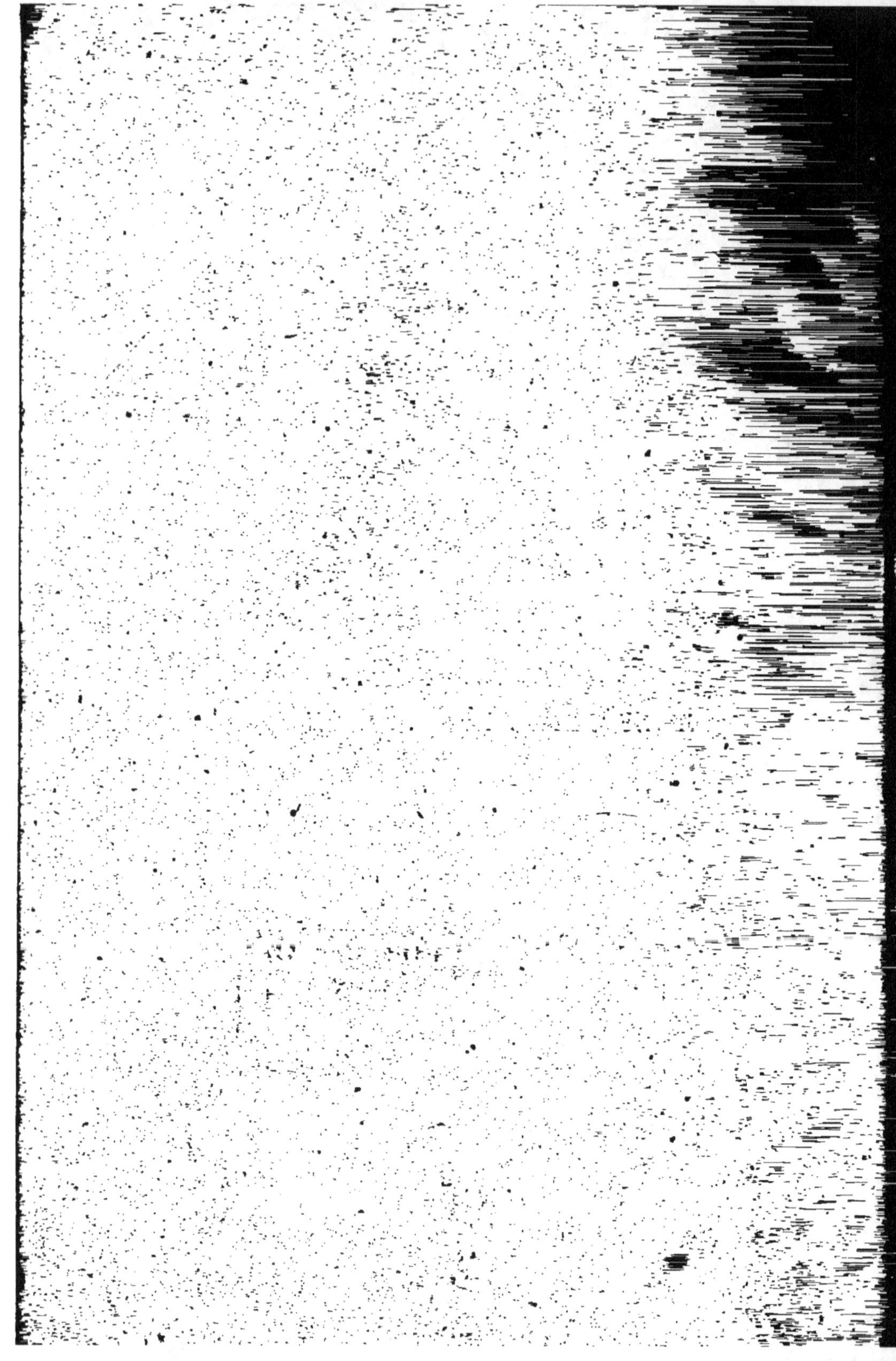

CERCLE CATHOLIQUE D'OUVRIERS

DE TROYES

SÉANCE TRIMESTRIELLE

DU 18 OCTOBRE 1874

SOUS LA PRÉSIDENCE

DE S. G. MGR L'ÉVÊQUE DE TROYES

CONFÉRENCE DE M. SIMON

Sous-intendant militaire

SUR LA

VIE DU GÉNÉRAL DE LA MORICIÈRE

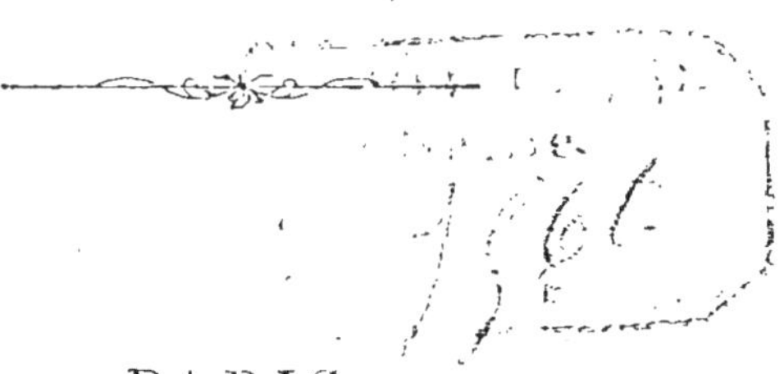

PARIS

CHARLES DOUNIOL ET Cie, LIBRAIRES-ÉDITEURS

29, RUE DE TOURNON, 29

1874

PARIS. — IMP. VICTOR GOUPY, RUE GARANCIÈRE, 5.

La grande salle de l'Asile Saint-Pierre est occupée bien avant l'ouverture de la séance. Les hommes, parmi lesquels on remarque un bon nombre de prêtres, des Professeurs du Grand et du Petit-Séminaire, le R. P. Supérieur des Pères de la Compagnie de Jésus, le très-honoré Frère Directeur des Frères de la Doctrine chrétienne, Monsieur le lieutenant-colonel, plusieurs capitaines et officiers de la garnison, Monsieur le Président de Saint-Vincent de Paul, plusieurs hauts industriels, et presque tout ce que la société troyenne renferme de Catholiques distingués, prennent place sur l'estrade. Les Dames occupent la droite de la salle; les membres du Cercle, la gauche, bannière en tête; les familles ouvrières se groupent dans le fond de la salle et dans la salle attenante.

Sa Grandeur, Monseigneur Ravinet, prend place au fauteuil d'honneur, ayant à sa droite Monsieur Émile Hoppenot, président de l'Assemblée, à sa gauche, Monsieur Desforges, président du Comité, et autour d'Elle, les membres du Bureau et du Comité.

La séance est ouverte à 4 heures par la prière d'usage, suivie du *Chant des Ouvriers : Espérance de la France,* exécuté avec un entrain et un cœur admirables. La parole est donnée à Monsieur Grenouillet, ouvrier sociétaire.

RAPPORT

MESSIEURS, MES AMIS,

J'ai été chargé par le Comité de faire un petit rapport en votre nom sur le Cercle. J'avais grande envie de décliner cet honneur, mais assuré d'avance de votre indulgence, certain que vous ne désirez que la bonne volonté et me la sentant, j'ai quitté un instant la charrue pour la plume, et me voici de tout mon cœur.

Vous savez, Messieurs et mes amis, comment sont nés les Cercles Catholiques en France : de l'initiative généreuse d'un Capitaine de dragons, aussi vaillant soldat qu'excellent catholique, M. Albert de Mun, il y a de cela trois ou quatre ans. Mais vous ne savez peut-être pas au juste comment s'est préparé le cercle de *Jésus-Ouvrier* de Troyes.

Dès le mois de décembre 1873, plusieurs Messieurs songèrent au moyen de faire quelque chose, de faire tout pour les Ouvriers. Ils se réunirent, discutèrent, prièrent plusieurs mois dans le secret. Le jour de saint Joseph, tous ensemble, ils firent la sainte communion dans la chapelle du Sacré-Cœur de Jésus. Ce fut le moment d'une première bénédiction divine, car, en peu de jours, l'emplacement fut trouvé, la maison louée, les premiers fonds recueillis, les premiers aménagements menés bon train et terminés. Enfin, le 10 mai, Sa Grandeur Monseigneur l'Évêque daigna bénir le Cercle et la chapelle sous le titre de Cercle et Chapelle de *Jésus-Ouvrier*.

Je m'arrête ici, Messieurs et chers amis, pour offrir notre profonde et filiale reconnaissance à Monseigneur, à M. le président du Comité, à notre cher Directeur, qui sait si bien se faire tout à tous, aux membres du Comité; et personne n'oubliera, devant Dieu, le Religieux dévoué qui prêta son concours au bien qui se préparait.

Je reviens au 10 mai. Ce qu'il y eut de plus consolant dans cette journée, c'est que Monseigneur daigna dire la messe dans la modeste chapelle du Cercle, sanctifiée pour la première fois par la présence de la divine Eucharistie, et que la plupart des membres du Cercle et du Comité reçurent la sainte communion des mains de Sa Grandeur.

Un peu plus tard, nous avons célébré la Fête-Dieu, notre nombre s'étant augmenté assez pour accompagner processionnellement le corps de Notre-Seigneur. Dès le matin de ce jour, des membres du Cercle nous préparent un charmant reposoir dans le jardin. Vers une heure, le Saint-Sacrement, escorté par les membres du Comité, par nos familles et par nous, s'avance au milieu de nos chants de joie. Nous étions heureux et fiers d'offrir ce témoignage d'amour au Dieu de l'Eucharistie.

Le 15 août fut pour la sainte Vierge ce que la Fête-Dieu avait été pour Notre-Seigneur. Afin d'attirer sur le Cercle la bénédiction de Marie, on avait réservé pour ce jour, deux fois cher à tout vrai. Français, la proclamation de treize sociétaires actifs et de quatorze sociétaires agrégés, premier noyau de vingt-sept membres, sur lesquels compte le Comité (1). Cette proclamation fut suivie de la bénédiction et de la remise solennelle de la bannière du Cercle. Aussitôt la procession du vœu de Louis XIII se met en marche, bannière en tête. La statue de la sainte Vierge, portée par deux sociétaires, était accompagnée des membres du Comité, de tous les membres du Cercle et de leurs familles. Quand elle fut placée comme Mère et Reine du Cercle sur son trône, le prêtre prononça en notre nom un acte de consécration à Marie et d'inviolable attachement à notre nouvel étendard. Tous, en effet,

(1) Aujourd'hui, novembre 1874, le nombre des membres du Cercle est plus que triplé.

mes amis, nous voulons être dévoués à la sainte Vierge et nous serons toujours prêts à porter notre drapeau partout où l'honneur le demandera.

Voici quelques renseignements plus pratiques sur le Cercle :

La Bibliothèque compte cinquante à soixante volumes, quelques journaux : les *Petites Lectures*, la *Revue Catholique*, le *Messager de la semaine*, l'*Ouvrier*, le *Clocher* et les *Missions Catholiques*.

Les jeux sont aussi nombreux que les livres : billard, tremplin, jeu de tonneau, jeu de quilles, en attendant un gymnase bien désiré. Les petits jeux sont pour tous les goûts : jeu d'échecs, de tric-trac, jeu de dames, de loto, les cartes et le jeu d'oie qui n'est point à dédaigner.

Mais le plus aimable jeu c'est la Tombola. Le plaisir d'une tombola nous a été préparé déjà quatre ou cinq fois par la bienveillance paternelle du Comité. Vous le savez, mes amis, à ce jeu tout le monde gagne, qui des bretelles, qui des allumettes, qui un beau couteau, qui un riche buvard, qui un autre objet bien convoîté ; une belle Vierge, un riche Crucifix d'ivoire. Chacun s'en retourne heureux, et va faire des heureux dans sa famille.

Mes amis, vous le savez, les jeux amènent la soif ; de là, nécessité de quelques rafraîchissements. Ils sont très-bien établis et distribués courtoisement au Cercle, moyennant le petit déboursé obligatoire. Nous avons un verre d'eau-de-Seltz pour 5 centimes, un verre de bière ou un verre de sirop pour 10 centimes.

Je ne dois pas oublier notre *Caisse de famille*. C'est une caisse alimentée par la charité discrète et libre de chacun, et destinée au soulagement des malades. Chaque dimanche, le croiriez-vous, il y a dans cette caisse une moyenne de 75 centimes, et quelquefois plus. A l'avenir, qui nous empêcherait de voir grossir notre caisse en y faisant mettre un sou ou deux par celui qui perd la partie?

Le contrôle est un peu assujettissant. Cependant il se fait régulièrement deux fois le dimanche. Eh bien! ceux qui y sont fidèles témoignent de leur bonne volonté au Cercle, ils édifient leurs camarades; de plus, ils ont droit à des primes d'honneur et au choix des plus beaux lots quand il y a une tombola ou une loterie.

La cotisation de 50 centimes par mois doit être mise sur la même ligne que le contrôle; elle se fait fort exactement le premier dimanche de chaque mois. Jusqu'à ce jour elle nous donne pour l'extension et l'amélioration du Cercle la somme nette de 56 francs.

Quant au règlement, nous l'avons tous, nous l'étudions un peu et nous l'observons de notre mieux; le

1.

bon cœur ne manque pas, nous espérons peu à peu être pleinement au courant.

L'esprit du Cercle nous a été révélé par le *Bulletin*. Paris nous apprend ce qui se passe à Troyes. Il signale la marche du Cercle, le bon esprit qui y règne, notre intelligence de l'œuvre à laquelle nous savons que notre concours est nécessaire. C'est un bel éloge pour nous, reportons-en le mérite aux soins et à la bonne direction que nous recevons du Comité.

J'ai réservé pour la fin, mes amis, deux circonstances dignes d'être conservées dans les annales du Cercle. Je veux dire la visite du Révérend Père Tissier et le don de notre statue de saint Joseph.

Le Révérend Père Tissier, de la Compagnie de Jésus, est le fondateur émérite et illustre du Cercle de Marseille, qui compte plus de six mille adhérents. Il a daigné visiter notre petit Cercle, nous donner le Salut, nous faire une charmante et paternelle instruction, et offrir au Cercle en loterie une belle statue de la sainte Vierge. Il nous appelait ses petits enfants, et nous lui avons décerné, d'un commun accord, le titre de Grand-Père du Cercle de Troyes.

Vous savez que beaucoup de dons ont été faits au Cercle : le billard, les ornements d'autel, le calice, le Saint-Ciboire et notre ostensoir que jalouseraient des cathédrales. Je me plais à réserver une mention spéciale à notre magnifique statue de saint Joseph, don gracieux de l'artiste distingué dont la France entière connaît les travaux et dont Vaudœuvre possède les ateliers.

Nous prions nos Bienfaiteurs et nos Bienfaitrices d'agréer l'hommage de notre reconnaissance.

Pour nous, mes amis, si vous me permettez de le dire, à la vue de ces belles choses faites dans notre intérêt, prenons courage. A nous de continuer le bien commencé. Échauffons-le au dedans par notre bon esprit, répandons-le au dehors par notre zèle. Faisons de plus en plus du Cercle *notre affaire* et comme notre famille. Par là, nons contribuerons à la prospérité de l'OEuvre et au salut de la France.

Ce rapport, accueilli avec les marques du plus sympathique intérêt, est suivi du chant militaire et religieux : *Je suis chrétien, c'est là ma gloire et mon bonheur.* La parole est ensuite donnée à Monsieur Simon, sous-intendant militaire, membre du Comité.

CONFÉRENCE

DE M. SIMON, SOUS-INTENDANT MILITAIRE, SUR LA VIE
DU GÉNÉRAL DE LA MORICIÈRE.

MONSEIGNEUR (1),

Le héros dont j'entreprends de raconter l'histoire n'est pas un inconnu pour Votre Grandeur. Au milieu des horreurs de la guerre civile, pendant que, à la tête de troupes fidèles, il exposait sa vie les armes à la main, vous offriez la vôtre, Monseigneur, dans un holocauste de paix et de charité, à côté d'un prélat de sainte et magnanime mémoire (2). En présence de pareils souvenirs, je ne puis me défendre d'une profonde émotion, et je me sens accablé du poids de mon insuffisance pour les retracer dignement. Aussi, Messieurs, si je n'avais envisagé que ma faiblesse, je n'aurais pas ambitionné l'honneur de prendre la parole devant vous; mais j'ai compté sur votre indul-

(1) Monseigneur Ravinet, évêque de Troyes.
(2) Monseigneur Ravinet était vicaire général de l'archevêque de Paris, en 1848, et accompagna Monseigneur Affre sur la barricade où ce bon pasteur donna sa vie pour ses brebis.

gence et même sur votre bienveillante sympathie, car je suis assuré de ne rencontrer dans ce nombreux auditoire que des amis et des frères, non des juges et des critiques sévères. J'ai éprouvé le désir de faire passer dans vos cœurs un peu de cet intérêt, je dirai de cet enthousiasme que j'ai ressenti en retrouvant sous la plume d'un éminent écrivain, M. Keller, député de Belfort, le récit émouvant de la vie d'un grand homme dont les actions, comme celles des anciens preux, avaient rempli mon enfance d'une admiration naïve, qui s'est accrue, dans mon âge mûr, de toute la hauteur que le souffle de l'esprit catholique ajoutait à ce caractère déjà digne des temps antiques.

J'ai prononcé le mot de grand homme, et ce n'est pas à la légère. Qu'est-ce qu'un grand homme, en effet? C'est un homme qui a entrepris de grandes choses. Je ne dis pas qui a accompli de grandes choses, car l'accomplissement des œuvres humaines est subordonné à la volonté divine, et ce n'est pas le succès ou le revers qui fait le mérite des belles actions. Saint-Louis dans les fers était, au témoignage même de ses ennemis, le plus fier chrétien qu'ils eussent connu. Il était, certes, alors aussi grand que lorsqu'il taillait les Anglais en pièces à Saintes et à Taillebourg. Et Louis XIV, le grand roi, mérita-t-il jamais mieux ce titre que lorsqu'il dit au maréchal de

Villars, partant pour prendre le commandement de la dernière de ses armées : « si vous êtes battu, retirez-vous derrière la Scarpe, j'irai vous rejoindre, et nous vaincrons ou nous périrons ensemble. » Il l'eût fait comme il le disait ; mais Villars fut vainqueur à Denain et le vieux monarque put mourir en paix.

Au-dessus du grand homme il y a le héros, c'est-à-dire celui qui aux grandes actions joint les grands sacrifices. Or, quels sacrifices La Moricière n'a-t-il pas faits ? Ce simple récit va nous les montrer : sacrifice de sa vie, qu'il exposa presque chaque jour pendant dix-sept années de luttes contre les Turcs et les Arabes ; plus tard, dans ces néfastes journées où le sang français a coulé à flots dans les rues de Paris.

Dieu n'a pas voulu alors de ce sacrifice, parce qu'il réservait La Moricière pour de plus grands desseins.

Sacrifice de son grade militaire, sacrifice de sa liberté, dans une autre journée néfaste ; sacrifice de sa patrie, à laquelle il fut violemment arraché par l'exil.

Mais, pour un capitaine qui n'avait jamais connu la défaite, il y avait à faire un sacrifice plus grand que tous ceux-là, et Dieu le lui réservait pour le moment où il serait affermi par la foi. C'était le sacrifice de sa gloire militaire. La Moricière l'a fait courageusement, résolûment, en allant au-devant d'une défaite presque certaine avec quelques bataillons levés et équipés à la hâte, contre une armée nombreuse et aguerrie.

Ce dernier sacrifice, accompli si généreusement pour Jésus-Christ, pour son Église et pour son Vicaire, a couronné comme d'une auréole la mémoire de La Moricière. De ce héros de l'honneur et du devoir il a fait le héros chrétien, ce type si sublime qu'au-dessus de lui on ne conçoit plus que le saint, et que, de l'un à l'autre, si j'ose ainsi parler, le jugement de l'Église fait la seule différence.

Tel fut, mes amis, l'homme que je présente à vos regards. Vous ne vous contenterez pas de lui accorder une admiration stérile; vous serez les imitateurs de ses vertus. Sans doute vous ne pouvez pas faire ce qu'il a fait, commander des armées et livrer des batailles; mais il n'y en a pas un de vous qui ne puisse et qui ne veuille être, comme lui, partout et toujours, un homme de cœur et de devoir autant que de foi, c'est-à-dire un parfait catholique. C'est le titre même que porte votre réunion : Cercle Catholique d'ouvriers. C'est votre noblesse à vous, et il y a longtemps qu'on l'a dit : noblesse oblige.

Léon Juchault de La Moricière naquit à Nantes le 5 février 1806. Il reçut une éducation chrétienne. A l'âge de 15 ans il perdit son père, qui était un fervent catholique, et bientôt après, malheureusement.

il cessa de suivre les salutaires pratiques de la religion. Pendant de longues années il subit les conséquences de cette faute. Constamment aux prises avec les questions les plus importantes qui agitent l'humanité, il ne trouvait pour les résoudre, dans son esprit d'ailleurs si bien doué, que le trouble et l'incertitude. Néanmoins la foi ne fut pas complétement éteinte dans sa conscience; elle y entretint ce fonds d'honnêteté et de loyauté qui ne lui fit jamais défaut, et qui restera comme le trait le plus frappant de son caractère. Mais c'est lorsqu'il sera redevenu vrai et complet catholique, que nous verrons ces grandes qualités se développer de la manière la plus éclatante et la plus admirable.

Après avoir fait de brillantes études, le jeune Léon entra à l'École polytechnique, où il devint le second de sa promotion. Il avait décidé qu'il serait militaire, aussi le retrouvons-nous, quelques années plus tard, lieutenant dans un régiment du génie à Montpellier.

Le dey d'Alger ayant insulté le représentant de la France, le gouvernement de la Restauration résolut de tirer de cet affront une vengeance éclatante et de mettre en même temps un terme à la piraterie barbaresque. Le 25 mai 1830, à Toulon, une flotte magnifique mettait à la voile, emmenant une nombreuse armée dont la compagnie de La Moricière faisait partie.

Au bout de 20 jours de navigation, on aperçut la côte d'Afrique et la ville d'Alger étalant au soleil ses maisons éclatantes de blancheur, s'étageant sur le flanc du Sahel, assemblage de collines recouvertes d'une végétation luxuriante. On prit à l'ouest, et dans la journée on jeta l'ancre à l'extrémité de la presqu'île de Sidi-Feruch, à cinq lieues d'Alger. Au milieu de la nuit et par un beau clair de lune, le débarquement s'opéra sans être troublé par aucun adversaire. On fortifia aussitôt la gorge de la presqu'île de manière à faire de cette dernière un camp retranché qui devait servir de base d'opérations. Ce fut en s'occupant à ces travaux que La Moricière fit connaissance avec M. de Quatrebarbes, officier d'état-major de sa division, qu'il devait plus tard retrouver à Paris et à Ancône.

Pendant qu'on achevait ces ouvrages, les Turcs, voyant qu'on ne bougeait pas, prirent l'offensive; mais ils furent repoussés et menés, l'épée dans les reins, jusqu'au delà de leur camp de Staoueli, où l'on coucha. Pour couvrir le camp, La Moricière construisit une redoute au milieu de ruines romaines couvertes d'aloës et de cactus aux larges feuilles épineuses. On livra à Sidi-Kalef un nouveau combat où périt un fils du maréchal de Bourmont, commandant en chef, et bientôt on ouvrit la tranchée devant le fort de l'Empereur, principale défense d'Alger du côté de la terre. Le 4 juillet, les Turcs, ne pouvant plus tenir dans le fort, le quittèrent et le firent sauter. La ville capitula, et La Moricière fut chargé de hisser le drapeau français sur la Casbah, ou château du Dey.

Pendant que le jeune lieutenant était occupé à lever le plan d'Alger, opération compliquée s'il en fut, arriva dans cette ville la nouvelle de la révolution de juillet, qui ensevelissait la royauté au milieu de son triomphe. Le général Clauzel vint remplacer le maréchal de Bourmont, qui partit avec ses fils, emportant comme unique trophée le cœur de celui qui était mort à Sidi-Kalef. Là Moricière fut du petit nombre des amis fidèles qui accompagnèrent sur la plage leur chef malheureux. Puis, ce devoir rempli avec une courageuse simplicité, il se voua entièrement à ses travaux d'officier du génie, aux questions d'art militaire et de colonisation, et à l'étude de l'arabe qu'il posséda bientôt à fond.

Voici le portrait de La Moricière à cette époque, tel que nous le trace son historien : petit, large d'épaules, d'une adresse et d'une vigueur surprenantes dans tous les exercices du corps, il était un vrai type de force physique. Son front était largement bâti comme sa poitrine et ombragé par de longs cheveux noirs, son nez correct et accentué, ses yeux pleins de feu, mais gardant un fond de douceur et de tendresse, sa voix éclatante, sa parole énergique.

Il participait à toutes les reconnaissances qui se faisaient aux environs d'Alger et acquit bientôt une telle habitude du cheval qu'il y passait des journées entières sans fatigue et ne s'arrêtait pas devant les sentiers les plus escarpés.

A 25 ans, il quitta le génie pour entrer comme capitaine au bataillon des zouaves, que l'on formait avec des Arabes mélangés à quelques Français. On y joignit bientôt les volontaires de la Charte, que l'on envoyait en Afrique parce qu'ils étaient devenus gênants à Paris. C'étaient des hommes intelligents, ardents et difficiles à conduire. Grâce à son sang-froid, à sa tenue et à son esprit de justice, il sut gagner leur confiance et leur imposer son autorité. Il en commandait une compagnie lorsque le général Berthezène, qui venait de remplacer le général Clauzel, fit une expédition à Médéah, au delà des montagnes de l'Atlas. La Moricière y eut son cheval tué et fit une telle chute que d'abord on le crut mort; mais cela ne l'empêcha pas d'arriver en haut du plateau avec sa compagnie. En repassant la montagne pour revenir à Alger, l'arrière-garde fut entourée par les Arabes et se replia en désordre. La Moricière voit le danger, il met son schako au bout de son sabre, appelle à lui les zouaves et les volontaires parisiens et, quoique blessé deux fois, il dispute pied à pied le terrain jusqu'au bas de la montagne. Ainsi le retrouverons-nous dans ces innombrables expéditions, toujours au plus fort du danger, à la tête de la colonne si l'on marche en avant, à l'arrière-garde si l'on bat en retraite, entraînant les hommes par son ardeur ou les soutenant par sa constance héroïque. Mais nous ne pourrons entrer dans le détail de toutes ces actions d'éclat; je devrai me contenter de vous signaler les principales.

Revenu aux environs d'Alger, à Hussein-Dey, au milieu des jasmins et des roses, comme à Dely-Ibrahim, au milieu des broussailles et des rochers, dans ces divers cantonnements où il prenait un repos entrecoupé d'excursions guerrières et aussi d'accès de fièvre, La Moricière ne perdait pas un instant. Son ardeur au travail l'entraînait non-seulement à comprendre la langue, mais à étudier les lois et les mœurs des Arabes, les productions du sol, les divisions politiques des tribus et l'influence des familles prépondérantes. Aussi, le gouverneur et son chef d'état-major, le général Trézel, dont La Moricière était devenu l'ami, prirent-ils l'habitude de le consulter sur toutes choses, et c'est ainsi que se forma le premier bureau arabe. Il fut appelé à Alger pour en prendre la direction. Ce service, malgré l'apparence du nom, n'était pas seulement un travail de bureau. Il exigeait de fréquents rapports au dehors avec les Arabes. Je ne vous en citerai qu'un exemple, c'est une entrevue avec la terrible tribu des Hadjoutes, entrevue à laquelle le jeune officier se rendit seul, à huit lieues d'Alger. Ce trait de courage chevaleresque fut mis à l'ordre du jour de l'armée. Il faut en lire la relation écrite avec une modeste simplicité par La Moricière lui-même, dans une lettre particulière citée par M. Keller. On croirait lire une page détachée de l'histoire des Croisades.

Au bout de quelques mois l'ordre régnait autour d'Alger, et le général Trézel alla par mer s'emparer de Bougie, ville située sur la côte, au pied des montagnes de la Kabylie. La Moricière avait préparé cette expédition par une reconnaissance où il fit preuve d'une audace et d'un sang-froid admirables; il reçut alors la croix de la Légion d'honneur. Peu de temps après il fut nommé chef de bataillon et mis à la tête du corps dont il était, pour ainsi dire, inséparable.

L'année 1834 et une partie de 1835 se passèrent en courses dans la plaine de la Métidja, qui entoure Alger dans un espace de douze à quinze lieues. Pendant ce temps-là, Abd-el-Kader jetait les fondements de sa puissance à Mascara. C'était le descendant d'une famille de marabouts en grande vénération dans le pays. Vous me demanderez, mes amis, ce que c'est qu'un marabout? C'est, comme qui dirait, aux yeux des mahométants, une espèce de saint, qui transmet son titre à sa postérité. Cette sainteté-là, comme bien vous pensez, n'a rien de commun avec celle des saints de l'Église catholique. A son titre de marabout, Abd-el-Kader joignait une grande valeur personnelle, une bravoure brillante, une haute intelligence, mais tout cela, malheureusement, souillé par des habitudes de cruauté qui étaient vraisemblablement, chez lui, plutôt le fruit de la barbarie musulmane que le penchant naturel de son caractère. Des négociations malencontreuses, alors qu'il aurait fallu lui montrer la force de nos armes, avaient augmenté son prestige aux yeux des Arabes, et il était devenu le maître de la province d'Oran presque tout entière et d'une partie de celle d'Alger, lorsque le gouverneur, qui était alors le comte Drouet d'Erlon, commença à ouvrir les yeux sur la situation, indigne de la France, que ce jeune Arabe prétendait nous imposer. Pendant que le général d'Erlon temporisait encore, l'Émir faisait charger de chaînes les chefs des Douairs et des Surélas, les seules tribus qui, depuis le début de l'occupation, nous fussent restées constamment fidèles. A cette nouvelle, le vieux gouverneur, au lieu de tirer l'épée, envoie le juif Ben Dram (dont nous avons fait M. Durand), personnage aux allures équivoques, pour renouer les négociations. Il lui adjoint le commandant La Moricière. Mais pendant ce temps, le général Trézel, qui commandait à Oran, avait pris l'initiative de marcher sur Mascara. Malheureusement ses forces étaient peu nombreuses et presque entièrement composées d'hommes nouvellement arrivés de France. Sur les bords de la Macta, les Arabes arrivèrent en telle quantité qu'il fallut battre en retraite. Le désordre se mit dans les rangs et, malgré les efforts des chefs, on revint à Argew, au bord de la mer, dans une déroute complète. Le général Trézel fut admirable de dévoûment et d'énergie. On eût dit qu'il cherchait à se faire tuer à l'arrière-garde. C'est à ce moment que La Moricière débarqua à Argew.

Pendant que cette masse débandée demandait à grands cris qu'on la ramenât par mer à Alger, le brave général Trézel se débattait contre cette dernière souffrance infligée à son honneur militaire, et déclarait qu'il reviendrait plutôt tout seul par terre. Digne de le comprendre et de le seconder, La Moricière n'hésite pas un instant; il se rembarque pour Oran. Là, il monte à cheval à trois heures du matin, va trouver les Douairs et les Surélas, leur dépeint la situation du chef qui a livré bataille pour les protéger. A sept heures, à force de galoper, de parler, de haranguer, il a réuni près de 300 cavaliers. Il se met à leur tête avec les capitaines Cavaignac et Montauban, et fait en six heures les treize lieues qui le séparent d'Argew. Sa présence, alors que chacun le disait mort, rend confiance aux plus démoralisés. On lui donne à peine quelques instants de repos. Puis le général ordonne de monter à cheval, et le même jour, à neuf heures et demie du soir, tout le monde rentrait dans Oran. Le vent soufflait du désert, et La Moricière crut plus d'une fois, au retour, que sa monture resterait en route. Quant à son entreprise, que chacun vantait comme un trait de rare courage, il la trouvait toute simple, et n'avait pas eu un instant d'inquiétude.

Six mois après, une autre colonne de 12,000 hommes, dirigée par le maréchal Clauzel, arriva jusqu'à Mascara; mais le retour ressembla encore une fois à une véritable déroute. On était au mois de décembre et le temps était affreux. Comme toujours, les zouaves couvrirent la retraite. De retour à Oran, un quart de l'effectif entra à l'hôpital, et un dixième y mourut.

Telle était l'issue fatale de presque toutes les expéditions. Embarrassées par de longs convois et ne sachant pas vivre en pays ennemi, nos troupes n'avançaient que fort lentement et succombaient à la fatigue, dès que leur marche excédait un petit nombre d'étapes. La tenue et la fermeté exceptionnelles des zouaves les avaient de nouveau signalés comme un modèle à suivre. Aussi fut-il décidé qu'on les porterait à deux bataillons, et La Moricière fut maintenu à leur tête avec le grade de lieutenant-colonel.

Cependant l'avenir de la colonie était fortement discuté en France, dans le gouvernement et dans les chambres. Au lieu d'augmenter l'effectif de l'armée d'Afrique, on ne parlait rien moins que de le réduire d'un quart. C'était la défaite et la ruine en perspective, comme on le vit bientôt par le triste résultat de la première expédition de Constantine, à laquelle les zouaves ne prirent pas part. Le désastre eût été plus grand encore s'il ne s'était trouvé, pour conduire l'arrière-garde, un officier jusqu'alors inconnu, mais d'une rare énergie, le commandant Changarnier.

L'honneur de la France exigeait une revanche éclatante. Le gouvernement le comprit et le chiffre de l'armée fut porté à 50,000 hommes.

Après avoir couru en France embrasser sa mère, qu'il n'avait pas vue depuis sept ans, La Moricière partit de Bône, formant l'avant-garde d'une armée de 13,000 hommes. On s'ouvrit un passage par quelques combats et l'on arriva devant Constantine. La pluie tombait en telle abondance qu'on put craindre un moment un nouveau désastre ; mais, le soleil ayant reparu, la batterie de brèche put ouvrir son feu. Le général en chef Damrémont, en inspectant les travaux, fut tué d'un coup de canon. Ce malheur ne découragea pas l'armée, et enfin, le 13 octobre 1837, le signal de l'assaut fut donné. Comme toujours, les zouaves formaient la tête de la colonne : ils gravissent le talus de la brèche, y plantent leur drapeau et se trouvent de l'autre côté en face d'un demi-cercle de maisons des fenêtres desquelles part un feu terrible. Pendant qu'on cherche un passage pour y pénétrer, deux explosions formidables éclatent tout à coup, et ensevelissent assiégeants et assiégés sous un monceau de décombres. C'étaient des magasins à poudre qui venaient de sauter. Des zouaves survivants, apercevant un pan de l'habit de leur colonel, le tirent à eux et le ramènent au jour, respirant encore, mais blessé d'un coup de feu, brûlé aux mains et au visage et ayant momentanément perdu la vue.

Constantine était à nous.

On rapporta La Moricière dans sa tente, souffrant les plus vives douleurs. Il les supporta avec une rare patience et ne parut jamais songer qu'à ses officiers et à ses amis tués ou blessés pendant l'assaut. Aussitôt qu'il ouvrit les yeux, il fit écrire à sa mère. Il lui écrivit lui-même dès qu'il put tenir la plume. Il lui en-

voyait en même temps le grand drapeau rouge pris
sur la brèche. Quelques jours après, le duc de Ne-
mours lui offrait un pistolet à deux coups avec sa no-
mination de colonel. Enfin le 4 novembre il était de
retour à Bône ; il avait fait la route à cheval à la tête
de ses zouaves. A partir de ce jour une immense po-
pularité s'attacha, en France, à son nom. L'année suivante, son frère Joseph étant mort au Mexique, où il
était secrétaire d'ambassade, il prit un congé de quelques mois pour aller consoler sa mère.

La prise de Médéah suivit de près celle de Constantine. Cette fois, Abd-el-Kader en personne défendit
le col de Mouzaïa avec des forces considérables, parmi
lesquelles il y avait des bataillons de réguliers, ha-
billés à peu près comme les zouaves et instruits aux
manœuvres militaires. Le 12 mai 1840 au matin, jour
justement célèbre dans les annales de l'Algérie, l'armée se mit à gravir les pentes qui mènent au col. La
Moricière, Duvivier, Changarnier, Bedeau, rivalisè-
rent de courage. A la tête de leurs vaillants soldats,
ils escaladèrent des rochers à pic sous un feu meur-
trier, culbutèrent l'ennemi et le poursuivirent la
baïonnette dans les reins. A sept heures du soir, tout
le monde campait au col.

A ce moment, La Moricière fut appelé à Paris,
comme l'homme le plus capable d'éclairer le gouver-

nement sur la question d'Afrique. A la suite de cette mission, il reçut le grade de maréchal de camp et le commandement de la province d'Oran. Il y devint lieutenant-général et y poursuivit contre Abd-el-Kader une lutte décisive, occupant successivement tous les points stratégiques de la province par des garnisons, les reliant par des colonnes presque toujours en mouvement. Avec ses troupes habituées à faire de longues marches, à vivre avec sobriété, il poursuivit son ennemi sans trêve ni repos, souvent jusqu'au fond du désert. L'Émir n'était pas un ennemi à dédaigner; battu sur un point, il reparaissait sur un autre. Il lui arriva de passer à travers nos colonnes et d'aller porter l'épouvante jusqu'aux portes d'Alger. L'empereur du Maroc se mit de la partie, et La Moricière prit part à la bataille d'Isly, où le maréchal Bugeaud défit l'armée marocaine et prit son camp avec tout ce qu'il renfermait. Enfin, après sept années de combats, Abd-el-Kader vaincu, se rendit au général de La Moricière, qui le remit aux mains du duc d'Aumale, gouverneur général.

Pendant ce temps, le général avait dû, autant que la continuation de la lutte armée le permettait, mettre en pratique la question de la colonisation et de l'occupation pacifique du pays, question complexe, dont la solution, cependant, doit être le but définitif de nos efforts. Les colons étaient, au plus haut degré, l'objet de sa sollicitude. Il voulait qu'ils retrouvassent au delà des mers les institutions de la mère-patrie. Parmi ces institutions il mettait en première ligne la paroisse, et il favorisa toujours l'établissement des curés et même des jésuites.

Cependant, privé, comme il l'était encore, des pures lumières du christianisme, il ne vit peut-être pas aussi bien la nécessité de favoriser la propagation de la foi catholique chez les Arabes, seul moyen, même au point de vue des choses d'ici-bas, de leur inculquer les bienfaits de la civilisation chrétienne et de faire d'eux et de nous un seul peuple. Mais il eut, du moins, l'honneur de préparer, par le succès de ses armes, les voies à la résurrection de l'Afrique chrétienne, résurrection qui sera, tout nous le fait espérer, la gloire de notre époque. Le zèle et la charité de l'illustre archevêque d'Alger, Mgr Lavigerie, et de ses vénérés collègues dans l'épiscopat, nous en sont un garant presque certain, et le doigt de Dieu saura bien lever les obstacles.

La fermeté de La Moricière vis-à-vis des Arabes n'avait rien qui ressemblât à de la cruauté systématique. Dans maintes occasions il leur témoigna de l'indulgence et de la générosité. Les Arabes, de leur côté, reconnaissaient son esprit de justice et avaient dans sa parole une confiance absolue.

Notre héros se maria en 1847 à mademoiselle Amélie d'Auberville, parente de M. de Mérode, jeune officier belge qui avait fait deux campagnes en Afrique, à l'état-major du général, et qui vient de mourir saintement, aumônier du Saint-Père, après avoir été son ministre des armes.

L'année précédente, le général avait été élu député. La soumission d'Abd-el-Kader ayant mis un terme à la guerre, il alla occuper son siége à la Chambre. A peine y était-il, qu'éclata la révolution de 1848. Nommé au dernier moment commandant de la garde nationale, il eut son cheval tué sous lui et fut blessé au bras de deux coups de baïonnette. Après le départ du roi, le gouvernement provisoire offrit au général le ministère de la guerre. Il le refusa, déclarant seulement que, si l'étranger osait nous attaquer, il était prêt à prendre un commandement. Hélas ! ce commandement, ce n'était pas contre l'étranger qu'il devait l'exercer, mais contre des Français, à qui des suggestions coupables allaient bientôt mettre les armes à la main. Vous avez tous entendu parler des journées de juin. Ce fut une lutte terrible. La Moricière déploya dans cette triste guerre des rues le même courage et fit preuve du même sang-froid que sur la terre d'Afrique. Le vénérable archevêque de Paris tomba assassiné sur une barricade en présentant aux insurgés le rameau de la paix. Le lendemain, l'insurrection fut définitivement vaincue, et la France respira.

Cavaignac, chef du pouvoir exécutif, choisit son ami pour ministre de la guerre. Je n'entrerai pas dans le détail des actes de ce ministère, qui ne dura que six mois. C'est pendant ce temps que commença ce qu'on a appelé la question romaine, qui devait avoir par la suite tant d'influence sur la vie du général. Mais alors ses yeux n'étaient pas encore ouverts à la lumière. Le pape Pie IX, l'auguste Pontife qui aujourd'hui encore gouverne l'Eglise avec douceur et fermeté, était opprimé dans son pouvoir et menacé dans sa personne par les révolutionnaires italiens, qui avaient assassiné son ministre Rossi, et braqué des canons sur la demeure du Souverain-Pontife. Il demanda secours à la fille aînée de l'Eglise. Le gouvernement républicain prépara une expédition ; mais, pendant que le ministère discutait les conditions de cette intervention, le Saint-Père voyait un de ses prélats tué à ses côtés d'une balle révolutionnaire, était contraint de fuir, et se réfugiait à Gaëte, dans les États du roi de Naples.

On était à la fin de novembre, et le 10 du mois suivant, Louis-Napoléon Bonaparte était nommé président de la République. Le général Cavaignac quitta le pouvoir, ses ministres le suivirent dans sa retraite. L'Assemblée constituante se sépara et La Moricière fut réélu à l'Assemblée législative. Là se posa de nouveau la question romaine. La Moricière vota l'expédition, mais comme à regret, uniquement pour empêcher les Autrichiens de la faire eux-mêmes et pour maintenir l'influence de la France en Italie. L'armée entreprit le siége de Rome contre les révolutionnaires, à la tête desquels étaient Mazzini et Garibaldi. Comme le siége traînait en longueur, on offrit à La Moricière d'aller prendre le commandement de l'expédition. Il refusa. Quel contraste, mes amis, entre cette conduite indécise et l'ardeur qu'il montrera un jour pour apporter au Pape le secours de son épée !

Sur ses entrefaites, il fut nommé ambassadeur en Russie. Il se rendit à Varsovie, où le czar avait fixé momentanément sa résidence. Il y déploya, sur un autre terrain, la même ardeur au travail, le même esprit d'investigation qu'il avait apporté à l'étude des affaires algériennes. La question de Rome était encore l'affaire importante du moment, et La Moricière était encore obligé de la traiter avec le czar Nicolas, son ministre Nesselrode et le ministre autrichien, comte Schwarzenberg, qui se trouvait à Varsovie. Il apportait tour à tour dans ses conversations des préjugés regrettables et des sentiments dignes d'un catholique et d'un Français. Mais le temps approchait où le souffle du malheur allait dissiper ces préjugés et donner à ses sentiments chrétiens tout leur épanouissement. Au milieu de ces conflits et de ses contradictions, le ministère fut renvoyé et La Moricière donna aussitôt sa démission. Il revint occuper son siége à l'Assemblée, où il fit entendre plusieurs fois sa parole énergique et toujours loyale. Dans la nuit du 1er au 2 décembre 1851, il fut arrêté et enfermé à la prison de Mazas. Deux jours après, une voiture cellulaire le conduisait au château de Ham. Il y resta plus d'un mois et fut alors emmené en exil. Il se fixa à Bruxelles, où sa femme allait venir le rejoindre. Voici l'une des instructions qu'il lui donnait au sujet de diverses choses qu'elle avait à régler avant de quitter l'Anjou. « Je voudrais, écrit-il, comme dernier acte de charité à faire en mon nom, avant votre départ, que le père Meunier (son portier) pût avoir une vache. Il est peu probable qu'il me revoie ; mais il verra que je pense à lui. » A ce moment, il ne savait pas si ses biens ne seraient pas confisqués et il se croyait à la veille de donner, pour vivre, des leçons de mathématiques. Un acte pareil a plus de valeur, devant Dieu, qu'une bataille gagnée, et je me reprocherais de le passer sous silence.

L'exil ne put ôter du cœur de La Moricière son amour pour sa patrie, et il n'en continua pas moins à suivre d'un œil anxieux le cours de ses destinées. Si l'ennemi devait violer le sol français, il était prêt, il l'a écrit et répété cent fois, à prendre un fusil comme simple volontaire, sous les ordres de l'un de ses anciens lieutenants.

Plus riche que d'autres exilés, il ouvrait généreusement sa bourse à ceux que pressait le besoin, et, loin de se faire un mérite de ses largesses, il cherchait bien plutôt à les tenir cachées. Avec de pareils sentiments dans le cœur, avec une sincérité parfaite dans l'esprit, il ne pouvait tarder longtemps à reconnaître la vérité de la doctrine catholique, et avec la loyauté qui avait toujours présidé à toutes ses actions, il ne pouvait manquer d'en embrasser aussitôt la pratique. Au château de Ham, il demanda la Bible, qu'il désirait relire et méditer. Il lut d'autres livres, surtout il réfléchit beaucoup, enfin il suivit, en homme qui veut s'éclairer, le carême de 1855, prêché à l'église Saint-Jacques de Bruxelles, par le père Dechamps, aujourd'hui archevêque de Malines. A la fin de ce carême, il remplit son devoir pascal, et, comme nous le dit Mgr Dechamps, il entra dans la place par la brèche que nul ne fait qu'à genoux. Il se releva plus grand, et pour entrer dans la vie chrétienne avec toutes les puissances de son âme. A partir de ce jour il était tout entier à Jésus-Christ et à son Eglise, et aucun sacrifice ne devait lui coûter pour se dévouer à la plus sainte des causes.

Comme s'il eût voulu éprouver sa foi et sa résignation, Dieu lui envoya bientôt une grande douleur. Son fils unique, le petit Michel, tomba malade en France, tandis que le général était seul en Belgique, dans l'impossibilité de rejoindre les siens. On lui offrit un passe-port, mais à des conditions qu'il ne crut pas pouvoir accepter, et lorsqu'enfin il reçut, sans l'avoir sollicitée et sans aucune condition, l'autorisation de rentrer en France, son enfant était mort. Il lui restait deux filles.

Il revint donc se fixer en Anjou. L'année suivante eut lieu la guerre d'Italie, à la faveur de laquelle les Piémontais s'emparèrent d'une partie des Etats de l'Eglise, et commencèrent à menacer le reste. Pie IX résolut de ne pas céder sans combat la couronne qu'il avait juré de transmettre à ses successeurs. Abandonné des grandes puissances, ne pouvant faire appel qu'au dévoûment individuel de ses enfants, il lui fallait avant tout un chef capable de porter un tel fardeau et d'organiser la résistance avec les faibles ressources que présentait l'Etat pontifical, et avec les éléments quelque peu désordonnés qui viendraient s'offrir des quatre coins du monde. Il choisit pour cette mission le général de La Moricière. A la première ouverture qu'on lui en fit, le général répondit : « C'est une cause pour laquelle je serais heureux de mourir. » Le chrétien et le héros sont tout entiers dans ce mot.

Alors le Saint-Père envoya Mgr de Mérode, l'ancien officier belge, faire directement appel à son épée. « Quand un père, répondit La Moricière, appelle son fils pour le défendre, il n'y a qu'une chose à faire, y aller. » Bientôt mise au courant de cet entretien, madame de La Moricière fut du même avis, et le lendemain matin les deux époux offrirent à Dieu, dans la petite église de Prouzel, leur résolution désormais inébranlable. Quelques amis intimes essayèrent de la faire fléchir. Ils reçurent tous la réponse faite à Mgr de Mérode : « On ne discute pas l'appel d'un père. »

A peine remis d'une attaque de goutte, le général partit pour Rome, où il arriva le 2 avril 1860. Dès sa première entrevue avec le Saint-Père, il fut subjugué par la bonté paternelle, par la ferme sérénité, par la sainteté du Pontife aux pieds duquel il venait mettre ses lauriers et son sabre d'Afrique. De son côté, le Pape était sous le charme qu'exerça de tout temps le héros de Constantine, charme singulièrement augmenté par sa foi naïve et pleine d'élan. Ces deux cœurs s'étaient compris, et de ce moment Pie IX ne refusa plus rien à celui qui venait de se donner tout entier à lui.

La Moricière, nommé général en chef de l'armée pontificale, proclama un ordre du jour qui contenait ces paroles remarquables : « La Révolution, disait-il, comme autrefois l'islamisme, menace aujourd'hui l'Europe, et, aujourd'hui comme alors, la cause de la Papauté est la cause de la civilisation et de la liberté du monde. »

Il s'occupa sans relâche d'organiser l'armée. Les volontaires commençaient à arriver de tous les points de la catholicité. Parmi eux, nous ne citerons que le bataillon franco-belge, qui devint le noyau des zouaves pontificaux, dont la France a pu admirer l'héroïsme à la bataille de Patay.

A ces corps étrangers venaient s'ajouter deux régiments de ligne et deux bataillons de chasseurs recrutés dans les États pontificaux. En y comprenant les gendarmes à pied, on pouvait arriver à avoir 18 ou 19 bataillons d'infanterie; mais il était difficile de plier ces éléments divers à une discipline uniforme. Il fallait en outre les habiller, les armer et les nourrir convenablement. Le Général entrait dans tous les détails; il n'oublia même pas les clairons et les tambours, car, disait-il, sans musique, point de troupe qui sache marcher.

Quelques escadrons de cavalerie furent organisés avec peine; mais la grande difficulté était d'avoir de l'artillerie. Des forges et des ateliers de toute sorte furent improvisés; on acheta à l'étranger des pièces, des munitions, des chevaux. Le Général suggéra au duc de Bisaccia, qui cherchait, avec le plus généreux dévouement, à servir la cause du Saint-Siége, la pensée de faire construire en Belgique une batterie de pièces de réserve. Enfin il se rendit à Ancône, dont il voulait faire sa place d'armes, pour y faire exécuter les travaux qu'il avait reconnus nécessaires le jour même où il avait mis le pied sur le territoire pontifical. Il vit tout en détail avec le colonel d'artillerie Blumensthil et appela à lui, pour diriger la mise en état des fortifications, un colonel du génie français, M. de Rouganne. Il s'occupe même de travaux civils, tels que l'élargissement des quais, l'approfondissement du port, l'achèvement d'un phare; il étudie des projets de chemin de fer, de conduite d'eau; il fait construire un moulin à vapeur pour la garnison. A la vue de cette prodigieuse activité, de ces mesures énergiques, l'esprit de la population, affaissé par les malheurs publics et prêt à pactiser avec la Révolution, se relève.

Que n'eût pas fait un homme tel que La Moricière, investi de la confiance d'un Pape tel que Pie IX !

Les révolutionnaires s'agitaient de plus en plus à la frontière. Plusieurs centaines d'entre eux pénètrent dans la province de Viterbe. Le colonel de Pimodan, qui était dans le voisinage avec un détachement de gendarmerie à cheval, les surprend au village des Grottes, en tue un certain nombre et rejette les autres dans le plus grand désordre en Toscane. La tranquillité est rétablie pour quelque temps.

La Moricière, pour s'opposer à de nouvelles tentatives, organise trois colonnes mobiles s'appuyant l'une sur Pesaro, entre les Apennins et l'Adriatique, l'autre sur Pérouse au centre, la troisième sur Viterbe. Lui-même va partout, il s'occupe de tout, casernement, hôpitaux, marche des troupes, tout est surveillé par lui. Il retourne à Ancône, s'assure que la place est mise en état de défense, que les pièces sont pourvues de munitions. Il y appelle, pour lui donner les fonctions de major de la place, son ami et ancien collègue à la chambre des députés, M. de Quatrebarbes. C'était un homme sur lequel il pouvait compter comme sur lui-même. En lui donnant ses instructions pour la défense, il termine ainsi : « Si vous êtes embarrassé, faites comme moi, invoquez le Saint-Esprit, il vous viendra aussi en aide. »

Cependant le temps marchait ; Pérouse, Spolète et Viterbe étaient également mises en état de défense ; l'effectif de l'armée pontificale était déjà porté de 8,000 hommes à 18,000. C'est alors que le général Cialdini reçut l'ordre d'envahir les états du Pape avec 45,000 hommes, pendant que l'amiral Persano allait bombarder Ancône avec une flotte armée de 400 pièces de canon. Cela se fit sans déclaration de guerre, et La Moricière, qui ne pouvait s'attendre à une aussi brusque agression, et qui pensait n'avoir affaire qu'à des bandes irrégulières, avait toujours son armée divisée en trois corps. Il leur donna aussitôt l'ordre de se concentrer et de se diriger à marches forcées sur Ancône. Le 15 septembre au matin, il atteignait Macerata, à huit lieues d'Ancône. Il apprit là que Pesaro n'avait résisté que vingt-deux heures, que Pérouse, la clef des Apennins, s'était rendue sans combat et que le colonel Kanzler, qui défendait la route de Sinigaglia, avait été coupé et n'avait pu qu'à grand'peine se replier sur Ancône. Aucun obstacle ne s'opposant plus à leur invasion, deux divisions ennemies étaient venues occuper les hauteurs de Castelfidardo et lui barraient le passage avec des forces très-supérieures. Mais La Moricière n'avait pas l'habitude de compter ses adversaires. Il arriva dans la soirée du 16 à Lorète, en face de Castelfidardo. Dans la matinée du endemain, il reçut dans ce sanctuaire béni, avec un grand nombre de ses compagnons d'armes, le pain des forts, et y prit l'étendard que saint Pie V avait donné autrefois à Don Juan d'Autriche, le vainqueur des Turcs à Lépante. La journée se passa à prendre ses dispositions de combat et à donner aux troupes le repos dont elles avaient besoin après cinq jours de marches forcées. Le 18 au matin, La Moricière donna le signal du combat. Le général de Pimodan, avec la première brigade, dont faisaient partie les 300 tirail-leurs franco-belges, devait enlever les positions enne-mies sur les hauteurs, tandis que le général en chef, avec la deuxième brigade, irait passer un gué près de la mer pour se diriger vers Ancône. Pimodan devait alors le rejoindre et former son arrière-garde. L'atta-que de la première position eut un plein succès; mais il restait à en enlever une deuxième plus forte, une ferme défendue par le gros des forces ennemies. Pi-modan lança ses troupes; elles furent repoussées et lui-même fut mortellement blessé. La Moricière vint alors prendre part au combat avec sa brigade. Mais à quoi sert de prolonger le récit d'une bataille dont tout le monde sait le résultat? Les Franco-Belges gar-dèrent la position conquise le matin, et seuls, conti-nuèrent à tirailler contre des troupes trente fois plus nombreuses, jusqu'au moment où l'ennemi incendia les meules de fourrage qui entouraient la maison. Il fallut se rendre sous peine d'être brûlés vifs.

Pendant ce temps, La Moricière, avec quelques centaines d'hommes qu'il avait pu rallier, se dirigeait vers Ancône. Attaquée en route, sa petite colonne se réduisait à 80 hommes environ lorsqu'il atteignit la ville.

Qu'ajouter de plus? Une armé de 40,000 hommes, une flotte portant 400 pièces de canon allaient assiéger et bombarder par terre et par mer une ville défendue par une garnison de 5,000 hommes. Ces chiffres sont suffisamment éloquents et les militaires qui m'entendent diront tous que la défense d'une place dans de pareilles conditions est un devoir sans doute, mais un devoir dont l'accomplissement est un acte d'héroïsme. Cette défense dura dix jours. La Moricière avait longtemps espéré que les puissances catholiques, et particulièrement la France, finiraient par intervenir. Le 28 au soir, cet espoir étant déçu, une brèche de 500 mètres de longueur étant faite au corps de place du côté de la mer, par laquelle l'ennemi pouvait donner l'assaut sans qu'on pût lui résister, le vainqueur de Constantine fut obligé de capituler. Il fut conduit à Gênes, d'où sans perdre un instant il se rendit à Rome. On peut se figurer ce que dut été son entrevue avec le Saint-Père; mais il ne nous en est resté aucun détail.

Après avoir écrit le rapport de sa courte campagne, il rentra en France, gardant le titre de général en chef, et prêt à retourner à son poste aussitôt que les circonstances l'exigeraient. Le sénat de Rome voulait le nommer prince romain; le Pape l'aurait volontiers comblé dé distinctions. Il n'accepta rien, sauf la croix du Christ, le Maître pour lequel il avait combattu ét dont il attendait la suprême récompense auprès de laquelle toute la gloire de la terre n'est que de la fumée. Il refusa de même, par une lettre d'une modestie admirable, l'épée d'honneur que les catholiques de France voulaient lui décerner.

Il rentra dans sa retraite. Évitant qu'aucun bruit se fît autour de sa personne, il restait à la disposition de Pie IX, sans vouloir que sa personnalité devînt pour ce Pontife la cause de difficultés nouvelles. Dans un autre ordre d'idées, comme quelques-uns de ses amis l'engageaient à profiter de sa position pour donner des conseils à Rome, ils se heurtèrent à une résistance inflexible. « Je suis, disait-il, le soldat du Pape, je ne suis pas son théologien. » Parole profonde, et bien faite pour être méditée par tout catholique qui veut rester digne de ce nom !

Puis, dans cette retraite où il continuait à s'occuper des affaires de l'Église et de son pays, ce grand homme se faisait petit avec les petits, il s'occupait en détail des besoins des pauvres. Il avait, pendant son exil même, fondé au Louroux une école de sœurs. Il les prend pour dispensatrices d'une partie de ses aumônes, il veut qu'elles distribuent des bons de pain et des soupes économiques. Il étudie pour elles la manière de faire une bonne soupe, comme autrefois il s'occupait de l'ordinaire du soldat; il installe chez elles une pharmacie pour les pauvres malades ; il donne au curé le concours de ses conseils et de sa bourse pour la reconstruction de l'église.

La bonté d'âme de La Moricière était encore plus saisissante pour tout ce qui touchait à ses serviteurs. Il s'inquiétait de leur santé, de leurs intérêts, comme s'il se fût agi de ses propres enfants.

Quant à sa piété, elle était au-dessus de tout ce qu'on en pourrait dire. Dès sa conversion il s'était donné à Dieu sans réserve et il ne songea jamais à se reprendre. Fidèle à observer tous les préceptes de l'Église, il s'attachait non moins soigneusement à acquérir le véritable esprit du christianisme. A un âge où d'ordinaire on ne songe plus à se modifier, il trouvait le moyen d'adoucir les aspérités de sa nature impétueuse. Chaque jour on le voyait plus patient, plus indulgent pour ses adversaires, plus calme en présence des contrariétés dont la vie est semée. Dans la vie des camps, il avait contracté l'habitude de jurer à tout propos ; dans les derniers jours de son existence, il avait extirpé ce défaut jusqu'à la racine.

Enfin, lorsque parurent l'*Encyclique* et le *Syllabus* du 8 décembre 1864, il s'y soumit sans marchander. Moins d'un an après, la mort vint l'enlever presque subitement, mais sans le surprendre, car il l'attendait de pied ferme, comme tous les ennemis qu'il avait eu à combattre. Il pouvait prévoir qu'il serait emporté par une crise de la maladie de cœur dont il était atteint depuis longtemps. Cependant sa santé paraissait meilleure que jamais. Il était seul à Prouzel, près d'Amiens, et se préparait à rejoindre sa famille en Anjou. Sa dernière journée, le dimanche 10 décembre 1865, fut consacrée à ses devoirs de chrétien et à ses apprêts de départ. La soirée se passa avec le curé de l'endroit à parler de l'efficacité des indulgences pour les âmes qui, après leur mort, ont encore des fautes à expier. A dix heures, il se retira dans sa chambre et, selon son habitude, se mit à lire quelques pages de l'histoire de l'Eglise. Il s'était endormi paisiblement, lorsque entre une et deux heures il se réveilla avec un étouffement terrible et sonna son domestique. Il ne fut question ni de remède, ni de médecin : « M. le curé! vite M. le curé, allez me chercher M. le curé ! » Lorsque le prêtre monta l'escalier, il entendit encore le Général qui, d'une voix forte, appelait :

3.

« M. le curé! » Quand il entra, il le trouva agenouillé devant son lit, serrant sur ses lèvres le crucifix qu'il venait de décrocher de la muraille. Le prêtre se mit à genoux à côté de lui, lui donna l'absolution ; puis il voulut le relever, l'asseoir dans un fauteuil, l'approcher de la fenêtre ouverte ; mais le mourant n'avait plus de parole ; son œil était encore vivant, indiquant qu'il avait tout compris. Un instant après, il rendit le dernier soupir. Son visage garda toute sa noble sérénité, image de la limpidité de son âme.

Je n'ajouterai que peu de mots à ce simple récit ; il porte en lui un enseignement plus éloquent que toute parole qui pourrait sortir de ma bouche. Il vous dit, mes amis, ce que c'est qu'un homme d'honneur, de courage et de travail. Il vous montre dans les défaillances de ce grand caractère le malheur de n'avoir pas la foi entière. Il vous découvre, dans les longues et pénibles épreuves de la vie des camps, puis de la vie publique et enfin de l'exil, les combats et les sacrifices par lesquels Dieu prépare de loin les hommes de sa droite. Il vous fait voir, dans la splendeur même de la défaite, la gloire de se dévouer pour le Seigneur et pour son Christ. La Moricière n'est nulle part plus grand que quand il succombe en martyr de sa foi. C'est alors qu'il a véritablement vaincu par la croix. Puisse cet enseignement être compris de tous comme vous le comprenez vous-mêmes, ainsi que l'atteste votre devise : *in hoc signo vinces*; puisse-t-il l'être surtout par la génération qui grandit autour de nous, espoir de l'Eglise et de la patrie !

Cette belle Conférence, souvent interrompue, dans la seconde partie surtout, par d'unanimes applaudissements, est suivie de la marche bretonne, devenue désormais un chant populaire : *Divin Cœur, ô Source de vie, fais revivre en nos cœurs la foi des anciens jours.* L'assemblée entière est entraînée, et redit d'une seule voix : *Catholiques et Français toujours.* M. Lebrun-Dalbane veut bien faire à l'assemblée une communication extrêmement intéressante sur le monument funèbre du général de La Moricière, vrai chef-d'œuvre, dont une copie en plâtre restera déposée au musée de Troyes. La parole est donnée au R. P. Godfroy.

ALLOCUTION DU R. P. GODFROY

DE LA COMPAGNIE DE JÉSUS.

Monseigneur, Messieurs,

Les deux rapports que vous venez d'entendre et que vous avez accueillis avec des marques d'une sympathie si touchante, vous ont dit l'histoire et l'esprit essentiellement chrétien et militant des Cercles Catholiques d'Ouvriers. Permettez-moi de vous indiquer très-rapidement quelle en est la pensée fondamentale et l'âme tout entière.

L'OEuvre des Cercles Catholiques, dont le Cercle de *Jésus-Ouvrier* de Troyes, n'est qu'une petite pierre, « a pour fin le dévouement de la classe dirigeante à la classe ouvrière, — pour principes, les définitions de l'Eglise sur ses rapports avec la société civile, — et pour forme, le Cercle Catholique d'Ouvriers. Elle fait acte de foi, de fidélité et de soumission à notre Sainte-Mère l'Eglise Catholique, Apostolique et Romaine, qui peut seule donner la vie, la fécondité, la durée, la force... L'OEuvre et ses membres sont consacrés au Sacré-Cœur de Jésus. » Ce sont, Messieurs, les paroles sacramentelles que vous avez acceptées, en les honorant de votre nom.

En d'autres termes : Union de tous dans le même amour pratique de Notre-Seigneur Jésus-Christ, et concours de tous au triomphe social du seul Sauveur et Maître. Union par le rapprochement des classes et des âmes dans le Sacré-Cœur de Jésus sous la bannière de la croix. Concours, par la plus parfaite soumission à l'infaillible autorité du Vicaire de Jésus-Christ, et application de tous les dévouements au même but : Dieu rendu aux âmes, et les âmes reconquises à Dieu.

Ainsi le dit, ainsi le veut cette bannière à la devise triomphante : *Par ce signe, vous serez victorieux, In hoc signo vinces.* C'est qu'aujourd'hui, mes amis, comme au temps de Constantin, comme toujours, il n'y a qu'un drapeau libérateur, le drapeau de Notre-Seigneur Jésus-Christ, roi des siècles. La croix, leçon d'honneur et signe de courage, la croix, effroi du crime triomphant, espoir suprême de la vertu malheureuse ; la croix, frêle et nue, est encore de toutes les choses de France, la seule forte et la plus respectée. Devant elle, quatorze siècles ont passé depuis Clovis, et tous se sont inclinés, en lui offrant l'hommage de leur foi et de leur confiance. A leur suite, vous avez dit et vous direz toujours : O bannière de la croix, dont les plis n'ont jamais abrité que l'honneur et la vertu, croix, notre unique espérance, emblème sacré des Cercles Catholiques d'Ouvriers, nous te saluons.

Or, Messieurs, ce but des Cercles Catholiques, vous le voyez, en partie du moins et en ce moment même, réalisé sous vos yeux. Car, vous voici, vous, mes amis, hier encore désagrégés et comme perdus au milieu du monde, vous voici formant déjà un petit bataillon d'âmes fidèles. Voici, les mains pleines de bénédictions, Monseigneur votre Évêque, qui a daigné accepter d'être votre Président d'honneur, et qui vous a promis, au jour de votre naissance, le 10 mai 1874, de vous traiter comme des enfants de prédilection. Voici, faisant cortège au dévoué Président du Comité et à l'aimé Directeur du Cercle, les membres du Comité même, créateurs, ou pour mieux dire, serviteurs du Cercle, parmi lesquels vous trouverez de hauts industriels, des ingénieurs, des médecins, des magistrats, tous connus et aimés de vous. Voici les dignes prêtres en qui vous reconnaissez vos premiers pères et vos meilleurs amis. Voici encore, à côté de celui dont la chrétienne parole vient de vous émouvoir, ceux dont la noble épée patronne vos outils, et fraternise en quelque manière avec eux. Voici, en grand nombre, ceux dont la sympathie pour le Cercle s'est montrée par des bienfaits. C'est à cette pensée apostolique de l'OEuvre des Cercles, que nous devons, Mesdames, l'honneur de vous recevoir dans nos réunions trimestrielles, car l'OEuvre accepte et sollicite comme un appoint d'un grand prix, vos prières, votre patronage sur notre humble chapelle, et votre coopération pratique à l'apostolat auprès des jeunes filles et des femmes de l'usine.

Mais, qu'est-ce qu'un pareil spectacle ? C'est le vrai but et la pensée complète du Cercle, car c'est l'union qui se réalise, et le concours qui se forme pour la conquête du même bien.

Si beau qu'il soit, Messieurs, ce spectacle en recouvre un autre plus beau encore. Sous ce rapprochement extérieur, n'en découvrez-vous pas, à l'heure même, un autre intérieur plus profond et plus nécessaire? Oui, j'en atteste vos pensées les plus intimes d'à présent. Ici, devant la bannière de la croix rayonnante, en présence de ces chers ouvriers, vous avez au fond la même pensée, celle du triomphe de la vérité contre l'erreur, du bien contre le mal ; le même amour, celui de Notre-Seigneur, en qui seul est la voie, la vérité, la vie ; le même désir, celui de vous dévouer à cette grande cause de Dieu qui fut et qui doit rester la cause de la France. Cette union profonde des âmes en Notre-Seigneur par le dévouement paternel des classes dirigeantes aux classes dirigées, par l

résurrection des classes dirigées à la confiance filiale
et à la vie chrétienne, et par le concours de toutes
à la gloire de Dieu, voilà, Messieurs, le *mens divi-
nior*, l'âme des Cercles Catholiques d'Ouvriers.

Dans le plan de l'officier distingué qui en est le fondateur, le comte Albert de Mun, plan béni par le Sou-
verain Pontife, le Cercle n'est point une OEuvre de
philanthropie, ni de patronage, ni même seulement
une OEuvre de sanctification de la famille ouvrière.
Montez plus haut; c'est une œuvre d'apostolat univer-
sel. Les ouvriers, si je puis le dire, n'en sont que l'oc-
casion providentielle et comme la matière première.
C'est à cette matière première, si riche dans son fond,
mais hélas! devenue chaos par le malheur des temps,
que nous devons tous, hommes et femmes, mettre la
main, certains de lui rendre, à elle, le bonheur d'être
à Dieu, et de redevenir nous-mêmes, par l'exercice
d'un si glorieux apostolat, un peuple chrétien, uni en
Notre-Seigneur, heureux et invincible.

Voilà pourquoi, Messieurs, vous avez entrepris une
grande œuvre, œuvre de lutte et de patience, de prière
et de dévouement quotidien, mais aussi de résurrection et de triomphe. Votre honneur sera de la pour-
suivre avec constance : *Dieu le veut, et c'est pour lui que
vous travaillez.*

Ne vous laissez pas dire que, par le Cercle, vous

enlevez l'ouvrier à sa famille. Non, Messieurs, vous l'enlevez au cabaret, aux doctrines perverses et à la débauche ; vous le rendez à sa femme et à ses enfants heureux et digne de lui-même. Saint-Louis avait fait graver sur son anneau : *Dieu, France, Marguerite.* Marguerite se rappellera que passer après Dieu et la France est pour elle le gage d'une impérissable affection et la consécration de sa royauté domestique.

Encore moins qu'on ne dise pas que vous avez des pensées politiques. Non, Messieurs, aucune pensée de ce genre, fût-elle juste, n'entre ici ; il n'y a place parmi vous que pour Dieu, les âmes, la vérité, le bien et les honnêtes délassements.

Mais réussirez-vous dans cette grande entreprise ? C'est le secret de Dieu ; succomber, du reste, au poste du devoir, comme le général de La Moricière, serait une mort glorieuse. Mais vous réussirez, Messieurs, parce que vous le voulez, et parce que vous attendez humblement la réussite, non de vos efforts, mais de Dieu et du concours fraternel qui ne peut vous faire défaut. Vous réussirez, parce que vous resterez unis. Vous ne dévierez pas de la conduite tracée naguère par le saint Pontife dont l'unique appui est aujourd'hui plus que jamais le Cœur de Jésus : « Qu'ils marchent tous d'accord, dit-il, et que tous ensemble ils combattent les combats du Seigneur, non pas avec

l'épée ni avec le canon, mais avec la foi, avec le bras
de la justice, avec la parole de la vérité. » Cette union,
Messieurs, fera notre force. Unis et forts, nous salue-
rons, à l'heure de Dieu, le triomphe de l'Eglise et
celui de la France. J'en garde l'invincible espoir, j'en
lis l'assurance dans vos dévouements, et j'entends
dans vos cœurs ce cri qui est celui des Cercles Catholiques d'Ouvriers : Vive Jésus-Christ! vive l'Eglise de
Jésus-Christ! vive Pie IX! vive la France!

L'assemblée prêta une religieuse attention à cette nette déclaration de principes. Après quoi, Monseigneur, prenant la parole, daigna rappeler, en termes pleins d'aménité et d'affection paternelle, avec quelle espérance il avait ouvert et béni le Cercle, avec quelle joie il en voyait les heureux commencements, [et en verrait, selon le vœu de son cœur, l'affermissement et l'extension.

« Elle n'espérait pas moins, dit Sa Grandeur, de sa
« bonne ville de Troyes. Le spectacle qu'Elle a sous
« les yeux est une preuve vivante du bien qui s'est
« fait et du plus grand bien qui peut se faire. Après
« Dieu, tel est le fruit du dévouement de nos indus-
« triels chrétiens et du bon esprit de nos chers ou-
« vriers devenus leurs enfants. » Parties du cœur de Monseigneur, ces paroles allèrent au cœur de tous.

Enfin, M. Emile Hoppenot, président de l'assemblée, annonça avec une courtoisie parfaite, la bonne fortune qu'aurait sans doute le Cercle de recevoir bientôt la visite de M. Albert de Mun. Il donna *rendez-vous*

à l'assemblée, l'invitant à venir entendre la parole ar-
dente et sympathique du fondateur et de l'orateur des
Cercles.

La séance se termina par la bénédiction de Monseigneur et la prière d'usage. En quittant la grande salle
de l'Asile, l'assemblée se rendit à la chapelle du Cercle,
où l'attendait un salut solennel du Saint-Sacrement.

Le Cercle Catholique d'Ouvriers de Troyes est situé
rue Vieille-Rome, 3.

Il est ouvert aux Ouvriers toute la journée du dimanche, excepté le temps des Offices. A 7 heures et
demie, Messe des Ouvriers ; à 5 heures et demie, Instruction et Salut.

Les Bienfaiteurs et Souscripteurs peuvent le visiter
en tout temps. Ils peuvent profiter de la Bibliothèque
et des Jeux, et assister aux diverses réunions.

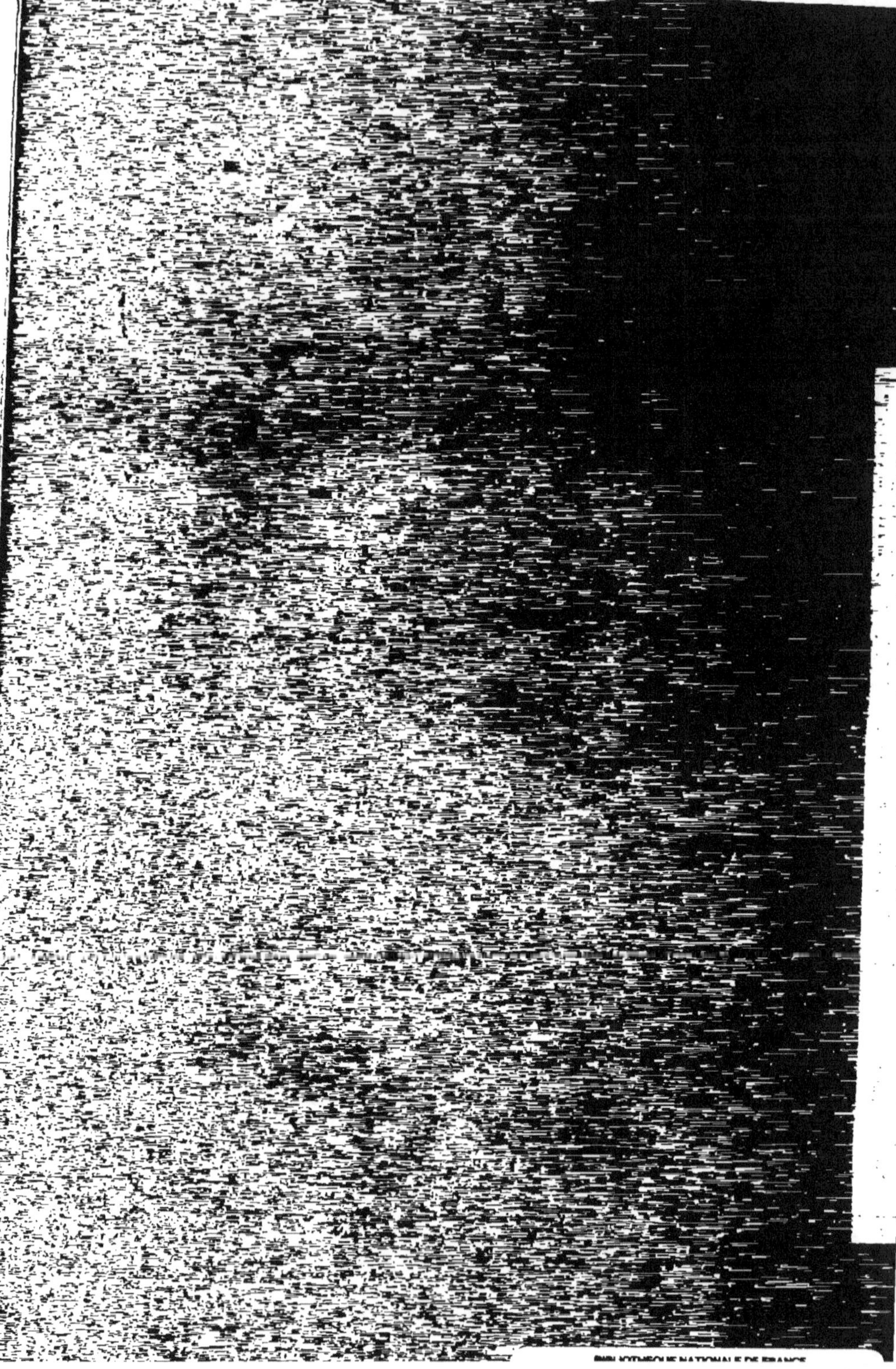